カノン Brass Rock

FULL SCORE
WSB-08-006

吹奏楽譜 ブラスロック・シリーズ
BRASS ROCK

カノン Brass Rock

作曲：Johann Pachelbel　編曲：郷間幹男

楽器編成表

Piccolo
Flute 1
Flute 2
Oboe
Bassoon
B♭ Clarinet 1
B♭ Clarinet 2
B♭ Clarinet 3
Bass Clarinet
Alto Saxophone 1
Alto Saxophone 2
Tenor Saxophone
Baritone Saxophone

B♭ Trumpet 1
B♭ Trumpet 2
B♭ Trumpet 3
F Horns 1 & 2
F Horns 3 (& *4*)
Trombone 1
Trombone 2
Trombone 3
Euphonium
Tuba
String Bass
Electric Bass

Timpani
Drums
Percussion 1
...Sus.Cymbal, Triangle, Wind Chime
Percussion 2
...Wind Chime, Tambourine, Sus.Cymbal
Percussion 3
...Glockenspiel
Percussion 4
...Vibraphone, Sus.Cymbal

Full Score

＊イタリック表記の楽譜はオプション

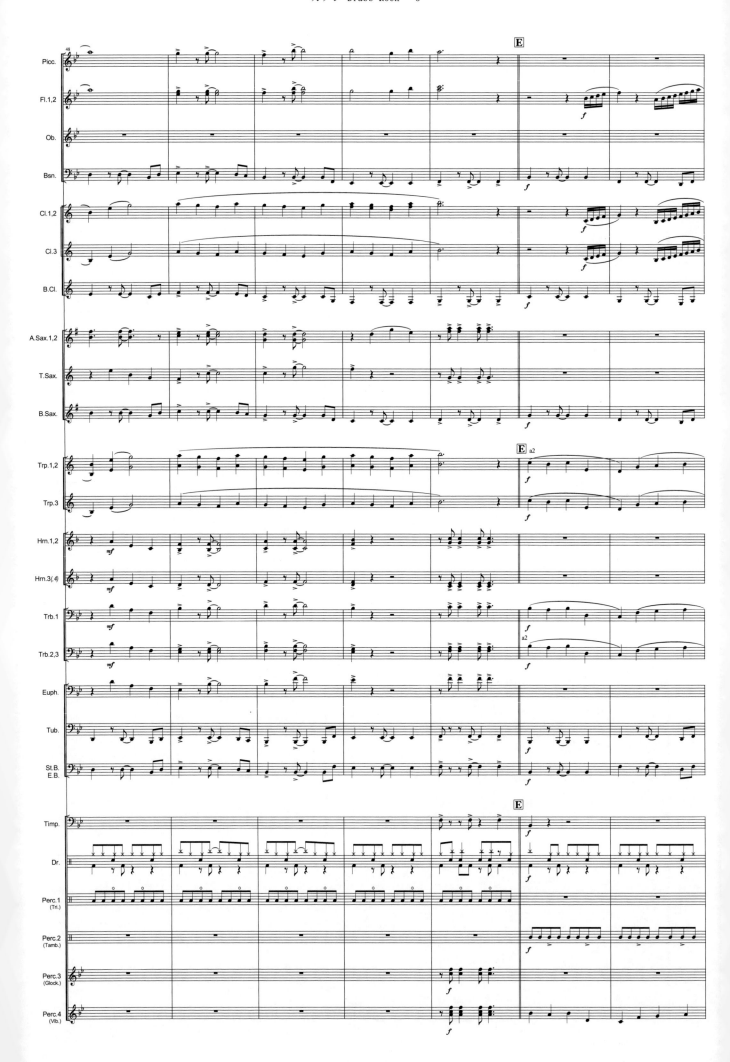

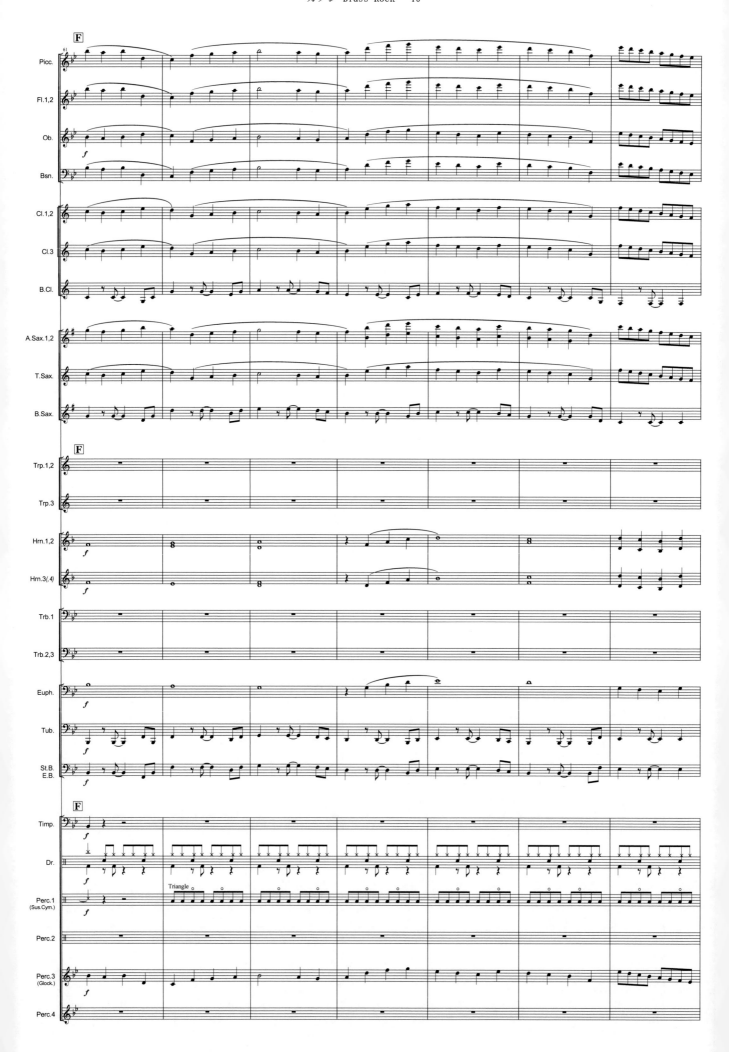

ご注文について

ウィンズスコアの商品は全国の楽器店、ならびに書店にてお求めになれますが、店頭でのご購入が困難な場合、当社PC&モバイルサイト・FAX・電話からのご注文で、直接ご購入が可能です。

◎当社PCサイトでのご注文方法

http://www.winds-score.com

上記のURLへアクセスし、WEBショップにてご注文ください。

◎FAXでのご注文方法

FAX.03-6809-0594

24時間、ご注文を承ります。当社サイトよりFAXご注文用紙をダウンロードし、印刷、ご記入の上ご送信ください。

◎お電話でのご注文方法

TEL.0120-713-771

営業時間内に電話いただければ、電話にてご注文を承ります。

◎モバイルサイトでのご注文方法

右のQRコードを読み取ってアクセスいただくか、URLを直接ご入力ください。

※この出版物の全部または一部を権利者に無断で複製(コピー)することは、著作権の侵害にあたり、著作権法により罰せられます。

※造本には十分注意しておりますが、万一、落丁・乱丁などの不良品がありましたらお取り替えいたします。また、ご意見・ご感想もホームページより受け付けておりますので、お気軽にお問い合わせください。

Oboe
(Optional)

カノン Brass Rock

comp. by Johann Pachelbel
arr. by 郷間幹男

Alto Saxophone 1

カノン Brass Rock

comp. by Johann Pachelbel
arr. by 郷間幹男

Baritone Saxophone

カノン Brass Rock

comp. by Johann Pachelbel
arr. by 郷間幹男

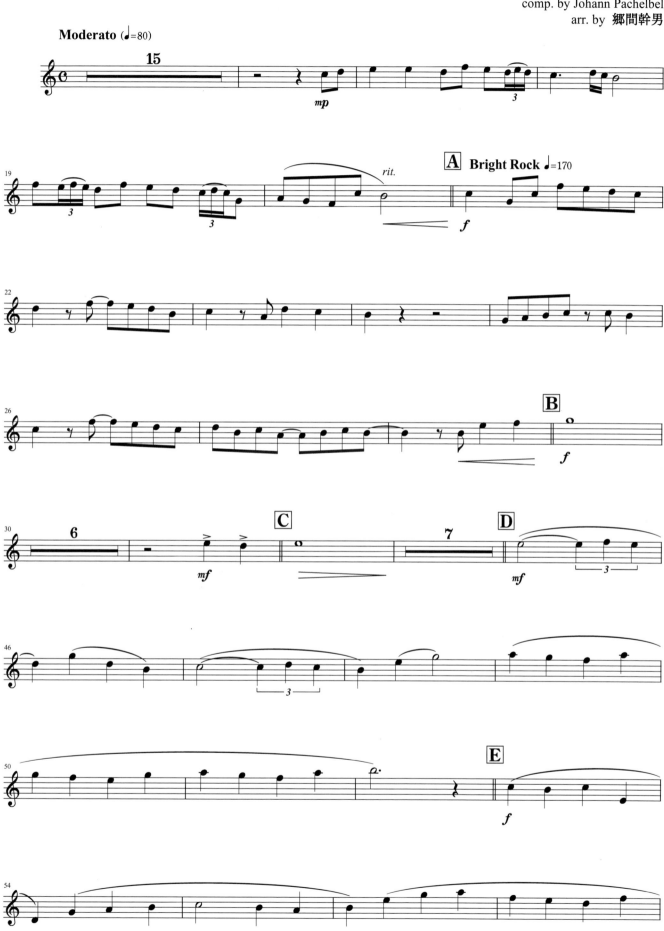

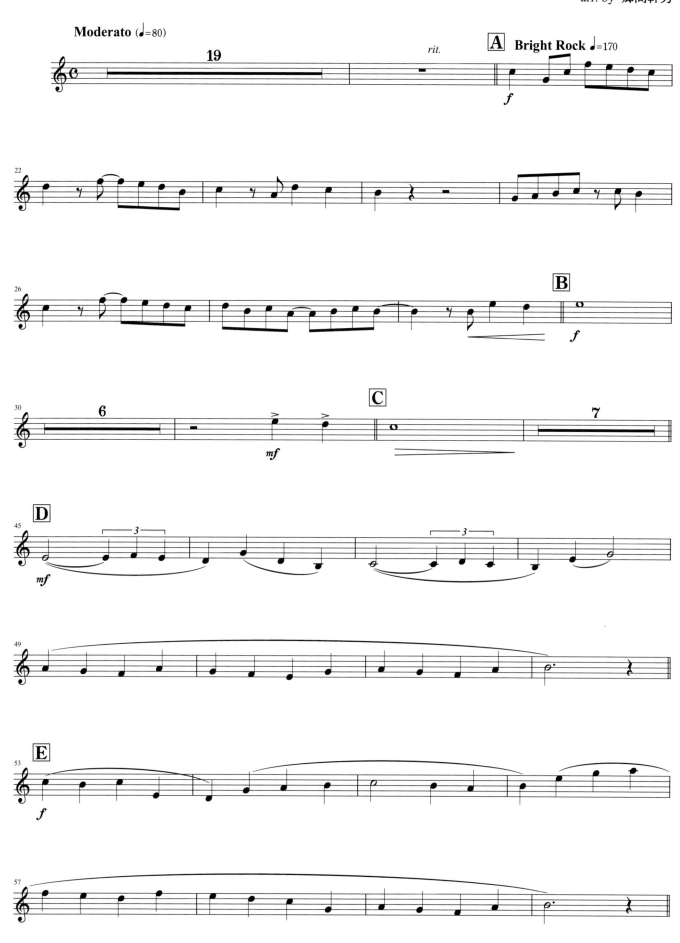

Trombone 1

カノン Brass Rock

comp. by Johann Pachelbel
arr. by 郷間幹男

Trombone 2

カノン Brass Rock

comp. by Johann Pachelbel
arr. by 郷間幹男

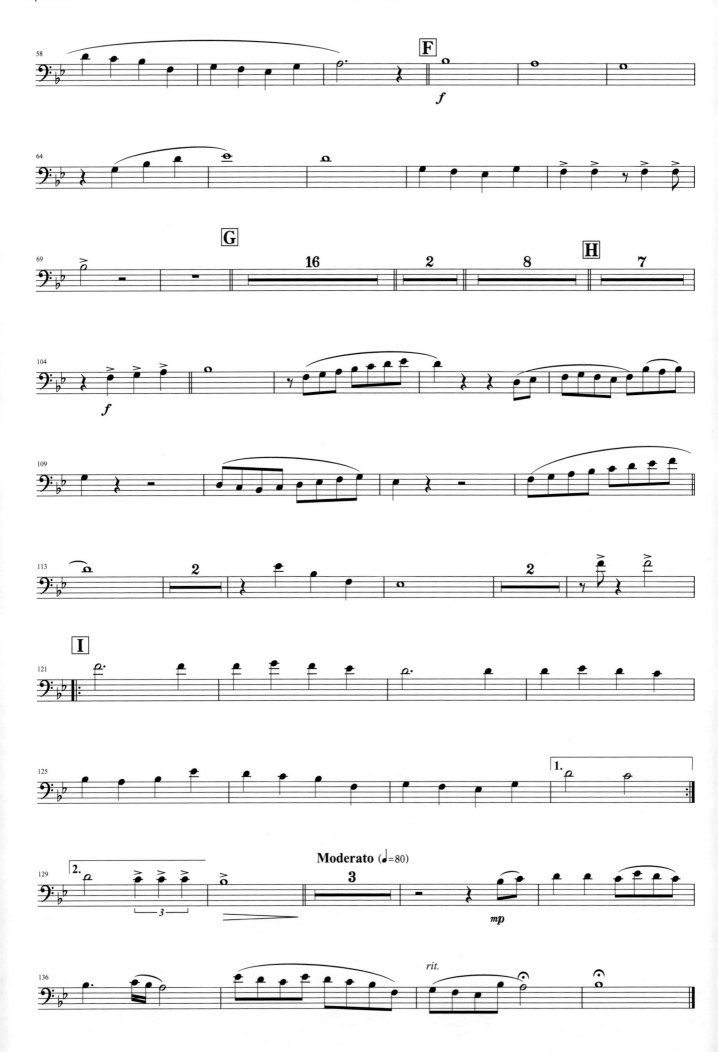

MEMO

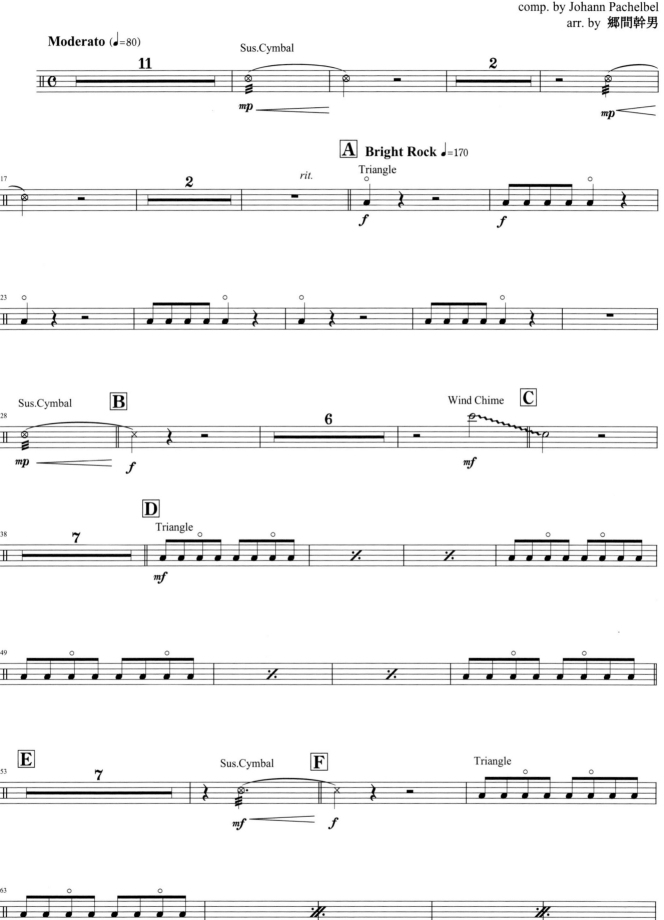

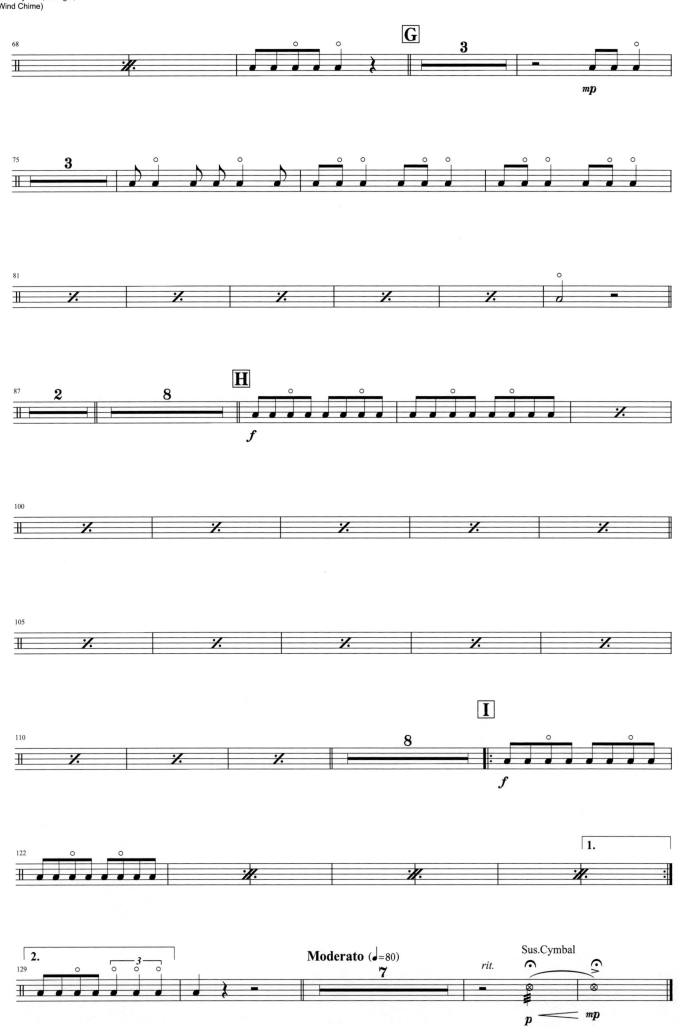

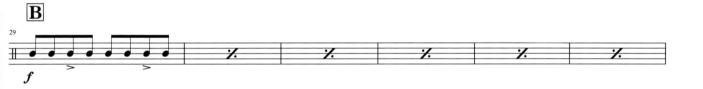

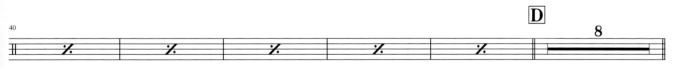

Percussion 2
(Wind chime, Tambourine, Sus.Cymbal)

カノン Brass Rock - 2

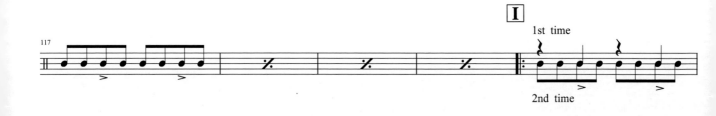

Percussion 3
(Glockenspiel)

カノン Brass Rock

comp. by Johann Pachelbel
arr. by 郷間幹男

MEMO